Praise for *Then There Were No Witnesses*

"If Raul Zurita describes the horrors of Chilean massacres by a visceral figuration of the landscape, Ahilan turns his unflinching gaze on the mutilated body itself, making it possible to bring into the syntax of the poem that which usually stays in the coroner's report. Some are love poems, some nostalgic for a time before the wars, but they are all poems of the battered survivor, desperate to remember the dead. Ahilan is a national treasure, and we are grateful to Geetha Sukumaran for her sensitive translation, careful notes and stunning introduction."

—ANUSHIYA RAMASWAMY, Professor of English, Southern Illinois University

"*Then There Were No Witnesses* is the first collection of Tamil poet Ahilan's work translated into English. Ahilan's poetry is a powerful testimony to the pain and suffering caused by ethnic strife in Sri Lanka. It also demonstrates the power of the Tamil literary tradition to record and give expression to the traumatic experience of violence, captured perceptively and with deep empathy in this translation."

—MARKUS REISENLEITNER, Professor of Humanities, York University

"Sri Lankan Tamil poet Ahilan is a devastating and diligent recorder of war, many forms of trauma, the subtleties of memory, and more. His passionate and deceptively simple poems are now gathered in this fine collection, edited and translated by Geetha Sukumaran, whose introduction is a work of deep knowledge and engagement."
—S SHANKAR, author of *Ghost in the Tamarind*

"Ahilan, a Tamilian Goya, visits the killing fields of Northern Sri Lanka and sketches what he finds there, lovers clasped in bunkers, limbs separated from trunks, umbilical cords dangling from vaginas. His eye is unsparing, wide-lensed, 360-degreed. The poems are startling, precise, distilled, and they form a new, essential anthology of the poetry of love and war. Geetha Sukumaran, the translator, is a worthy heir to Ramanujan and the Imagists of the celebrated Tamil anthologies, bringing a timeless, new classic into a vigorous, graceful and haunting English."

—INDRAN AMIRTHANAYAGAM, author of *Uncivil War*

THEN THERE WERE NO WITNESSES

poems

Ahilan

**translated by
Geetha Sukumaran**

BILINGUAL TAMIL & ENGLISH

MAWEN𝑍I
HOUSE

We acknowledge the support of the Canada Council for the Arts for our publishing program. We also acknowledge support from the Government of Ontario through the Ontario Arts Council.

ONTARIO ARTS COUNCIL
CONSEIL DES ARTS DE L'ONTARIO
an Ontario government agency
un organisme du gouvernement de l'Ontario

Canada Council for the Arts | Conseil des arts du Canada

Cover design: Sabrina Pignataro
Text designed by Karuna Vincent

Cover image: ertyo5/Mine is cleared/iStockphoto

Library and Archives Canada Cataloguing in Publication

Akila , Pā, author
Then there were no witnesses : poems / Ahilan ; translated by Geetha Sukumaran.

Issued in print and electronic formats.
Text in original Tamil and English translation.
ISBN 978-1-988449-35-7 (softcover).—ISBN 978-1-988449-36-4 (HTML)

I. Sukumaran, Geetha, translator II. Title.

PL4758.9.A332A2 2018 894.8'11172 C2018-901469-5
C2018-901470-9

Printed and bound in Canada by Coach House Printing

Mawenzi House Publishers Ltd.
39 Woburn Avenue (B)
Toronto, Ontario M5M 1K5
Canada
www.mawenzihouse.com

For Chelva Kanaganayakam,
his inspirational legacy of translations and his vision.

A Note on the Author

Packiyanathan Ahilan was born in 1970 in Jaffna, Northern Sri Lanka, a region soon to become ravaged by civil war. He received an MA in Art Criticism from the MS University of Baroda and is a senior lecturer in Art History at the University of Jaffna. He began writing poems in the nineties and has published three collections titled *Pathunkukuzi Naatkal* (2001), *Saramakavikal* (2011), and *Ammai* (2017). English translations of his poems have appeared in various anthologies. Being a multifaceted personality, Ahilan writes critical essays on poetry, theatre, and visual arts. Tracing the history of contemporary Tamil poetry is of particular interest to him. He is also the co-founder of the Sri Lanka Archive for Contemporary Art, Architecture & Design, an establishment that brings the divided island together in the exploration of memory, violence, and identity through art. His columns in local newspapers on heritage and art practices that were neglected due to the armed conflict of many decades engage with the politics and issues involved in protecting the cultural identity of minorities. These essays are published in the book *Kaalaththin Vilimpu: Yalpanaththin Marapurimaiyum Avatrai Paathukaaththalum* (The Edge of Time: The Heritage of Jaffna and Protecting It, Tamil, 2015), which remains a significant conversation in post-war Jaffna. He is also the co-editor of *Venkat Swaminathan: Vaathangalum Vivaathangalum* (Tamil, 2010) and *Reading Sri Lankan Society and Culture – Volumes II and III* (Tamil, 2007, 2008). His current research keeps him immersed in the study of the shared Buddhist culture between Sri Lanka and South India through visual art practices.

Acknowledgements

My heartfelt gratitude to my friend Latha, whose unwavering support and guidance have sustained me through not only this translation but all of my literary journeys. I am ever thankful to Professor Anushiya Ramasamy, Southern Illinois University Edwardsville, and Professor Markus Reisenleitner, York University, for their expert input at different stages of this project and their words of encouragement. A special thanks to Professor S Shankar, University of Hawaii at Manoa, for his valuable feedback. I am grateful to the poet Cheran, who introduced me to Ahilan's poetry, and his insightful advice towards the project. I owe a warm thank you to Michael Ondaatje for his wonderful foreword. I am deeply indebted to Indran Amirthanayagam for his careful reading and discerning comments on the manuscript. Thank you to Ajie George, Nazneen Marshall, and Sayujya Sankar, all of whom are members of the English faculty at Stella Maris College, for taking the time to read the translations and remark on them.

Many thanks to Nedra Rodrigo for her continued encouragement. My thanks to Professor Bhavani Raman, University of Toronto, for her interest and suggestions. To Gopika Jadeja, whose keen observation has enriched the work in many ways. To Sutharshan Sellathurai for the discussions on Ahilan's poetry. I acknowledge the N Sivalingam Award for Tamil Studies, York Centre for Asian Studies, and the generous contribution of JLBennett Financial and Mr & Mrs Appadurai Muttulingam towards the publication of the book. I thank Karuna Vincent, whose excellent design and layout work made the book more beautiful. A special thanks to Mawenzi House. Finally, I thank my family and appa for putting up with many of my forgetful days while working on this book.

Foreword

I am Asian,
I belong to the land of Gods.
...
Among those destined to bear witness,
I sat hunched .

With Geetha Sukumaran's remarkable introduction accompanying her translations of Ahilan's poetry, we have in *Then There Were No Witnesses* a significant book of our time. This gifted and truthful poet has given us a version of a war we have known only from a distance. In poem after poem we discover this crucial awareness that everything is a weapon "the fence held the knife" and that it is a time when "villains, clowns and heroes enter each other." There are poems about the executions on the salt fields at Semmani, and there is the continual witnessing of the dead all written and spoken in a spare, utterly truthful voice. There are poems such as "Introducing Layers of Earth," "A Gospel," "Way of the Cross," "The Death of a Paper Boat," the *Mithunam* poems, the Corpse poems, "Images of War Clothes," and "Elephant Blouse" that are I think small and delicate masterpieces. All of these poems have been beautifully translated by Geetha Sukumaran.

This is a powerful, essential, book that should be read by all, to understand the unofficial truth of a war in any country where "the Watchtowers lying awake / on the face of the sea / do not rest."

MICHAEL ONDAATJE

CONTENTS

Introduction xvii

YEARS OF CONFLICT

யாரோ ஏதோ 2
Someone, Somewhere 3
பதுங்குகுழி நாட்கள் I 4
Days of the Bunker I 5
பதுங்குகுழி நாட்கள் II 6
Days of the Bunker II 7
முந்தைப் பெருநகர் 8
The Great Ancient City 9
புனைவுகளின் பெயரால் 12
Narratives 13
2005 16
2005 17
செம்மணி 01 18
Semmani 01 19
செம்மணி 02 20
Semmani 02 21
செம்மணி 03 22
Semmani 03 23

OF LOVE AND LIFE

சிலுவை 26
The Cross 27
இராதை கண்ணனுக்கு எழுதிய கடிதம் 28
Radha's Letter to Kannan 29
இராதையின் கடிதங்கள் மற்றும் தினக்குறிப்பிலிருந்து 30
From the Diary of Radha 31
யாத்திரை 32
A Journey 33
தலைப்பிடப்படாத காதல் கவிதை 01 36
An Untitled Love Story 01 37
தலைப்பிடப்படாத காதல் கவிதை 02 38
An Untitled Love Story 02 39

தலைப்பிடப்படாத காதல் கவிதை 03 40
An Untitled Love Story 03 41
தலைப்பிடப்படாத காதல் கவிதை 04 42
An Untitled Love Story 04 43
மிதுனம் 01 44
Mithunam 01 45
மிதுனம் 02 48
Mithunam 02 49
மிதுனம் 03 50
Mithunam 03 51
மிதுனம் 04 52
Mithunam 04 53
அருந்தினி 54
Arunthini 55
கோடை மழை 56
The Summer Rain 57

THE DEVASTATION OF 2009

கால் 62
Leg 63
பிண இலக்கம் 178 64
Corpse No. 178 65
பிண இலக்கம் 183 உம், உயிரிலக்கம் 02 உம் 66
Corpse No. 183 and Birth No.2 67
பிண இலக்கம் 182 68
Corpse No. 182 69
விசரி 70
A Frenzied Woman 71
தாயுரை 01 72
A Mother's Words 01 73
தாயுரை 02 74
A Mother's Words 02 75
தாயுரை 03 76
A Mother's Words 03 77

AFTERMATH OF 2009

தோற்றவர்கள் I	80
The Defeated I	81
தோற்றவர்கள் II	82
The Defeated II	83
யானைச் சட்டை எனும் கவிதை	84
Elephant Blouse	85
ஒளிப்படத் தொகுப்பேடு	86
A Photo Album	87
காணாமற் போனாள்	88
The Missing Woman	89
அம்மையப்பன்	90
Mother-Father	91
திருமதி கணபதிப்பிள்ளை பூபதி	92
Mrs Ganapathipillai Boopathy	93
யுத்த ஆடைகளின் மெய்யுருக்கள்	94
Images of War Clothes	95
மூன்றாவது நாள்	96
The Third Day	97
சிலுவைப் பாதை	98
Way of the Cross	99

RUMINATIONS

கடதாசிப் படகின் மரணம் I	102
The Death of a Paper Boat I	103
கடதாசிப் படகின் மரணம் II	104
The Death of a Paper Boat II	105
சுவிசேஷம்	106
A Gospel	107
பேராடை	108
The Huge Garment	109
பெரு நிலம் : மண்ணடுக்குகள் பற்றிய அறிமுகம்	112
Introducing Layers of Earth	113
மழை	116
Rain	117

Introduction

When the roof tiles blow away from the house of language,
and words no longer keep—that is when I speak.

ALEJANDRA PIZARNIK

In a crammed subway, while returning from work I opened a thin volume of poems with an unusual cover and front page. The words in that skimpy volume unlocked a multitude of images and emotions. Overwhelmed, upon exiting the train I sat on the platform, reading them over and over. At once, the poems were enmeshed in my heart, and soon I realized that the only way to get them out of me was by translating them:

A ragged garment, beneath,
another rag of pus
with a clotted wail.

One breast gone,
on the other lay a tiny body;
inseparable,
they clung together.

After cleaning I wrote:
Corpse Number 182.

The profound voice laced with the clinical tone in this poem, titled "Corpse No. 182," alludes to the bloodbath in the final phase of the armed conflict in Sri Lanka. The lines distantly echo the words of Marcel Proust, "our legs and our arms are full of torpid memories," and is evocative of the language of violence and trauma that is a part of contemporary global life. A Tamil reader or anyone familiar with the Sri Lankan political scene might recognize the scene as reminiscent of the carnage in Mullivaikkal, a region in the Northeast of Sri Lanka, where state-led forces defeated the insurgents (LTTE) in 2009. The poet's language is striking in the way it enfolds the vulnerability of human existence, the act of witnessing and experiencing pain. The lack of embellishment makes it more urgent, while its translation is easily accessible to the English reader. It is because of such traits in the poet's work that his poems have been widely translated in various anthologies, although this is the first publication of his selected poems in English.

To delve into Ahilan's poetry one must be aware of the decades of political turmoil in the country, its impact on the culture, and the resultant bloody chaos, all of which sharpened his sensitivity and his aching for a new language and form.[1] He was born in the 1970s, when ethnic conflict gained intensity and poetry began to reflect its impact. Even a perfunctory glance at the anthologies of Tamil poetry from Sri Lanka reveals the significant shifts in its thematic preoccupations. As often reiterated by scholars such as Chelva Kanaganayakam and Sivathamby, early modern Tamil poetry in the 1950s and 60s was entwined with social concerns, Tamil identity, modernism, the language of poetry, and politics.[2] However, the large-scale atrocities unleashed against the Tamil population in 1983 marked a complete rupture. Poetry became the voice of defiance, hope, and action, and it was sung and performed for the public. Cheran's "The Second Sunrise," for instance, ends with this call: "On the clouds / fire / has written its tale / who waits even now? From the ashen streets / arise and march"; and MA Nuhman's "Murder" talks about the death of Buddha: "Thus the remains / of the Compassionate one / were burned to ashes / along with the Dhammapadha."[3] Oorvashi's "Do You Understand What I Write," S Vilvaratnam's "The Moon's Echo," and VIS Jayapalan's "Speaking to the Sun" also voice hope and revolution in diverse forms.

During the 1990s, ethnic strife in Sri Lanka took complex turns resulting from internal conflicts among various insurgent groups against a temporary peace. Life in bunkers became a common consequence of mass displacements amid the pervasive fear of violence. Intellectuals, poets, journalists, and artists were among those who fled the region. Diaspora and exile became commonplace as a mode of existence. This shift grew internalized and displaced the orality of the poetry of the previous decade. The nineties also saw the rise of diasporic writers and Muslim poets from eastern Sri Lanka. Instead of hope, resistance, and cries for action there was now bleak pessimism and despair, blood, and death.[4] It was, in the words of Jahan Ramazani, a "poetry of mourning," opening wounds and repeatedly articulating loss; it did not seek consolation but made pain legitimate, resisting closure to the sorrow.[5] Women poets of the nineties began to use the metaphor of the mutilated body to describe the violence inflicted upon them. Fragmented identities, tortured bodies, and volatile relationships occupied the literary imagination. The field of visual arts too underwent radical changes as the younger generation of Tamil and Sinhala intellectuals began to respond to the turmoil of the ongoing violence.[6]

In the afterword to his first collection, Ahilan writes that his generation was one shaped by a tortured world of war, trauma, political upheaval, and, above all, hopelessness. It is against this backdrop that one has to look at Ahilan's poetry. His first collection, titled *Pathunkukuzi Naatkal* (Days of the Bunker), was inspired by a painting by the poet and artist Nilanthan, titled *The Bunker Family. Pathunkukuzi Naatkal*, as the name suggests, captures the juncture of life and war in the bunker. Indeed, even publishing the book was a monumental task since Jaffna was under siege by state forces. Ahilan's poems constantly engage in a dialogue between the visual arts and words, and he writes that both contemporary art and poetry draw from each other.[7] He acknowledges the conversation that takes place between visual art and poetry and maintains that it is a source of inspiration for him and artists such as Nilanthan and Shanaathanan. The latter's work was displayed in the UBC Museum of Anthropology in 2010.

In *Pathunkukuzi Naatkal*, acknowledging Anna Akhmatova, Chinghiz Aitmatov, and the Tamil poet Sukumaran as his greatest influences, Ahilan draws upon a multitude of human experiences that lie at the centre of the ethnic conflict in Sri Lanka. The poems register the agonies of life lived in the bunkers, as experienced by those who sought to escape the conflict, capturing the wretched moment before another day of bombing:

Never-ending
darkness spread and froze
Terror-filled eyes,
praying lips,
hang in limbo;
the war begins.

Ahilan's poetics in this anthology borrows from Tamil culture and centuries-old literary conventions. This results in a technique that blends romantic, modern, and postmodern stylistic elements with a visual language. Lost friendships, village life, and cultural identity are idealized. For instance, in "The Great Ancient City," he captures the ruins of Jaffna moments before another episode of shelling begins. The poem combines the town's historic pride, its idyllic, traditional, and colonial past, and its present devastated state by juxtaposing the past with a series of visual images of the present war. Nostalgia about the past is shattered by the traumatic present of bunkers and blood and the flesh of broken bodies. The poems offer resistance to war's atrocities by invoking humanism and compassion for the countless numbers caught in the conflict. They evoke urgency in a conversational style, placing side by side the romantic with the traumatic and tragic. They are also the voices of the multiple fragmented selves   the poetic self, the victimized self, and the inquiring self   who seek to make sense, a self that is often "mad."

The poems articulate the specific circumstances of the Sri Lankan Tamils, and yet relate to the larger world. "Narratives," alluding to the plight of those who left Sri Lanka to cross global borders as illegal immigrants, empathizes with similar refugees from other strife-riven areas. It describes cultural rootlessness, the experience of violence, the helplessness of the illegal immigrant, and the singular and lower existence of a refugee; the last stanza refers to the exploitation of the refugee and the "illegal":

No,
you know all.
Still,
our ever-flowing blood,
refusing to lose
on the chessboard
is crucial for
your mean gains.

One could read the poet's work as a single long poem of sorrow. Nevertheless, within the bleakness there is also transcendence. This is more evident in the second collection, *Saramakavikal* (Poems of Death and Mourning). While the war of the nineties contributed to changes in the poetics, the final and concluding armed conflict of 2009 specifically gave rise to new expressions.[8] In this respect it is crucial to understand the Tamil cultural practice of writing elegies for the dead, known as *Saramakavikal*.[9] On the 31st day of the rituals for the dead, singing elegies, known as *kalvettu,* is a common practice. The term refers to stone inscriptions while also alluding to the ritual of visualizing a stone as the dead body. Poets known as *saramakavirayar* specialize in composing the elegies using personal details about the dead obtained from family members. Produced in the past as palm leaf scripts, with the emergence of printing technology, they are now circulated in the form of booklets. A booklet contains a poem to mark the day and the constellation under which the individual died, as well as a biography (*varalaaru*), laments of the family (*pulampal*), and philosophical poems or religious hymns (*thetram*). The biography is of great significance as it includes the individual's place of birth, lineage, and the cause of death. Thereby, the practice of *saramakavi* constitutes a mode of recording the lives of ordinary people. It is here that Ahilan's Poems of Death and Mourning can be positioned, as a collection that inverts the traditional elegiac form to narrate the trauma of violence, torture, and displacement.

In this second collection, identifying his work as trauma poetry, Ahilan writes that "the experience of wounds and overwhelming circumstances naturally demand a different kind of language . . . new forms, metaphors, and metonyms become their attributes. They move beyond the mundane use of words."[10] This brings one to the core of the aesthetics of trauma literature, which is usually summarized as such: it is characterized by discontinuities; it does not lend itself to an easy reading; its narration is fragmented in style and discourse; it is repetitive.[11] Although trauma has been an implicit theme in contemporary Tamil poetry from Sri Lanka, Ahilan was the first to mention it explicitly and connect his own poetic oeuvre with trauma in the Tamil context. The book is specifically designed to epitomize trauma experience through poetry.

The carnage of 2009 has shaped and reshaped the poet's consciousness and imagination. He has developed a minimalistic style and uses simple vocabulary to confront and speak about the traumas of that violence. The understated style is threaded with thick silences and textual gaps that echo multiple voices and imply the complexities of the decades of violence. These sparse poems stress the importance of understatement and brevity. In their obliquity, the terror reverberates endlessly and their silences suggest many layers:

Disrupting day and night
she screamed:
My child,
my child,
a mirage!

We chased her,
chained her down.
Then referred her to a psychiatrist.

Tamil, like any other language, has rules for making compound words, and over the centuries poets have constructed them in different ways. Ahilan shortens his words in a unique manner and blends them to form compounds that present the war's atrocities with a heightened immediacy and powerful visual imagery. The condensed verbs and nouns produce brief and effective lines in short poems that are open-ended.[12] His style breaks regular word order and forms a new diction:

The venomous gaps
of teeth open—
I am now
the acute madness
of a decimated animal.

Unlike the first collection, in which feelings flow freely, the second is marked by elliptical syntax. It urges the reader to notice the tension, the condensed forms, and the taciturnity that operate in the poems. It is this aspect that compels a reader to approach these poems with caution, paying attention to their function as lyrical witnesses. This second anthology has drawn considerable attention from Tamil literary critics for its treatment of language.[13] His most recent book, *Ammai* (Mother, 2017), on the other hand, uses spare language with repeated phrases towards the end of poems, adding emphasis to the memories of the final episode of the war, and acknowledging the time gap after which the horror is being registered.

It is evident that Ahilan's poems do not explicitly refer to the war's end. Nor are they confined to the conflict in Sri Lanka. Rather, the poetic personae are the witnesses and voices of counter-memory with multiple perspectives encapsulated in images evocative of conflicts in other parts of the world. Mothers, doctors, pedestrians, and reporters become poetic channels. The trauma and pain resulting from specific incidents vocalized in his poetry become a lens for the universal human experience of oppression and violence. While his first collection has a conversational tone, exploring memories of the personal and the public, the poems in *Saramakavikal* are characterized by polyphony. It is this ability to link the specific with the universal that makes Ahilan's work ageless. If one were to give an example of the visual impact his poetic style creates, it would be Picasso's *Guernica*. His poems capture the same intense sense of being oppressed, of tortured bodies that turn into sights of resistance. The manifold images and ruptures he creates become a cubist style of poetry in Tamil.

The aestheticizing of the unaesthetic is a key element of these poems and offers a tough terrain for the reader's comprehension. Morbidity and mutilated bodies are explored through the abject (to borrow a term from Julia Kristeva) of fluids from the wounds:

We are those—
flooded with tears,
incessantly bleeding,
wounded,
maggot-ridden,
mad,
littering the roads.

The treatment of the poems closely resembles the medieval Tamil literary work *Kalingathuparani*. Written by Jeyamkondar in the 12 CE, the text depicts the war that took place between the chieftain Karunakaran, under the Chola King Kulothunga I, and the king of Kalinga, Anantavarman Codaganga, in 1110 CE. It belongs to a minor literary genre known as *sitrilakkiyam* and operates as narrated memory merged with a sensory appeal to the eyes about a great war and the glory of the victor. The images are graphic and gruesome. The speakers are dark, uncanny spirits "having a body like an unburnt fire-log with hollow bones, fastened with nerves and ever hungry for human gruel" (verse 446).[14] The description of the abject evokes a strong emotional response and becomes a tool to force a conversation with the self. Julia Kristeva argues that biological excess, blood, pus, mucus, and the corpse as the abject, draws attention to the chaotic.[15] The abject, then, is the other of war victories, anything that dismantles the beauty and the celebration of conquest, and anything that confronts the established order. The text juxtaposes the beauty of love and the celebration of conquest with unsightly corpses, spirits, and body fluids.

What is striking about contemporary Tamil poetry from Sri Lanka is its strong resonance with the war imagery of *Kalingathuparani*. Tamil poems, especially since the beginning of the nineties, are filled with references to bodily excess. The use of the body, particularly by women poets, has unfolded diverse representations of female sexuality, a discussion of which is beyond my scope here. While contemporary Tamil poems have used metaphors of flesh-eating, blood, and dark spirits to evoke gruesome violence, in Ahilan's poems they speak on a conscious level. The abject becomes the poetic structure and its vehicle. He frames the trauma of survival, war, and pain while exploring, with acute sensitivity, the possibility of self-healing. The poems produce verbal sites for the incommunicable experience of trauma by crafting the pain of the body in the ocular, narrative style of a physician. Through the victim's silenced body, the eye of the poet opens the invisible and the visible wounds with repeated phrases. The body becomes the locus from which the poems explore the human condition and life on the edge.

Having repeatedly opened the body's wounds previously, Ahilan now uses the body in his group of poems titled "A Gospel" to seek healing by borrowing from the spirituality of the Tamil medieval mystical poems known as *Siddhar Paadalgal.* These songs form a separate genre of Tamil literature and use the trope of the body as waste and re-envision it as a site for attaining salvation. Ahilan puts this dichotomy of waste versus salvation, which is central to the philosophy associated with the worship of Shiva, to a novel use. The title "A Gospel," very specific to Christianity, constructs healing within the framework of Hindu spirituality and directly addresses the torturers. The poet's familiarity with the concepts of Christianity is evident in the different ways he uses them.

The notion of passion is a thread running through much of his poetic realm. It operates on two levels in his craft: the passion in love, which is characterized by the pain of endless waiting, desertion, and broken relationships; and the Christian notion of passion. Although the Tamil poetic scene is replete with metaphors of broken relationships, in his poems such as "An Untitled Love Story," Ahilan's language makes them distinct by intermingling visual image, dialogue, and theatricality. The poem opens with an image of lovers meeting and parting in silence and goes on to make a dramatic impact in the last stanza. Sensitive to the uncertainty of love in the face of violence and by merging individual with public trauma, he asks:

Tell me,
how can I protect
the candle flame of love
in this howling wind?

The poems that fall under the category *mithunam* are important registers of this interior space. The term *mithunam* derives from *mithuna* in Sanskrit and refers to sexual union on both physical and spiritual levels, drawing multiple interpretations from Hindu philosophy. Ahilan's *mithunam,* however, pairs such allusions with the trauma of war. The poems explore intimate relationships in the language of violence of the exterior war-scape. The voices in these poems resonate from the space of neither love nor hate but from in between, within the morbid. The personae are victims of personal conflict, isolation, and rejection. Lines such as "Your lips ooze / bloodied pus / my hand rips / the hair from / the scalp" intersect the external with the internal selves. Again, the suffering of Christ is latent in poems such as "Semmani 01" and "The Third Day."

Another common trait in Ahilan's poetics is the way he brings together mythological stories and contemporary life in order to articulate the complexity of the dark experience of the war. The poet embarks on an imaginative transformation within the labyrinth of the mythic that his readers are able to recognize and connect with. His significant use of women speakers connects the loss and pain of mythological Indian characters with the lonely widows and mothers of the war in Sri Lanka (the majority of poems in his recent collection, *Ammai,* attest to this trait). Readers accustomed to South Asian literature will recognize the affective language of *viraham* (separation) in the poem "From the Diary of Radha." Here Ahilan converges *viraham* with the poignancy of the female victims of sexual abuse. As Radha narrates her anguish of separation, a parallel narrative of a violated and helpless refuge seeker also emerges. The final line, "My path stretches out like Draupadi's robe," invokes the image of a destitute woman who lingers between the robe and agony.[16] Although such usages are recurrent and have been probed by many women writers, the performative and the narrative element in Ahilan's poems recapitulate the strong theatrical aspect of his poetics and his constant oscillation between the past and the present.

Time is a conventional trope of Ahilan, taking on different expressions and forms. In general, time is primarily seen as a healing space for grief; however, in the poet's political work anguish swallows time and remains permanent, and is ultimately greater than time. The space of the interior is characterized by hatred and estrangement. Emotional pain moves into a timeless zone in phrases like "splintering time"; timeless space is where the alienation of the self takes place. The snake, which is the symbol for time as well as sexuality, is often the metaphor that superimposes the interior and the exterior. Ahilan regularly uses traditional literary tools in innovative ways or rejects them in search of new style and form.

A traditional theme in Sri Lankan poetry is the sea. Interestingly, in Ahilan's poems the sea as a metaphor or an image is noticeably absent. His generation grew up experiencing a barricaded and militarized seacoast, therefore the sea and the abundance of imaginations it usually inspires are entirely negated in his poems. Instead, streets appear recurrently, as metaphors and metonyms for love, violence, death, and memory. Streets, unlike roads, do not lead anywhere but are spaces where the public and the personal intersect, where people meet in different circumstances, and they ultimately turn into sites of memory. Streets often emerge in Ahilan's poems "as a heap of broken images," to use the words of TS Eliot, as registries of the darker side of life. And yet, in love poems they evoke tender memories, for example, in phrases like "you are a rainy street."

To conclude, Ahilan's poems do not come across as direct commentary on social and political issues; rather, they capture the horror but operate beyond reportage. He refrains from the grand narratives of war and oppression, focusing on the smaller narratives of ordinary people. In an interview, he states, "I do not think one needs shoes and guns to talk about revolution; my poems engage with political minorities. They are about those mundane humans who go unrecorded in history. I like to be the historian of their blood."[17] While the poems talk about blood and pain of the body/soul, they open a parallel introspective inquiry into the self. His poems are distinct in the ways in which they capture human existence and its suffering. Creating a surrealist landscape is an approach the poet uses to address the conflict within the self and within relationships, and the pain of war. He produces a compelling, soul-searching voice in order to find the possibility of constructing a space to connect the present and the beyond:

This thorny robe
of centuries
which no one
chooses to wear,
this watery body of tears,

can anyone shed at all?

Ahilan's poetic oeuvre is thus a register of history, a witness to trauma, and a counter-memory written in an inimitable style and diction; his is an important Tamil voice of war literature. The strength of the poems lies in their combination of cultural elements, spirituality, physical rawness, and postmodern aesthetics. His poetics convert war-inflicted horror into intimate images and explore the precariousness of human relationships in the contemporary world of conflicts. He reveals a reality of life amid "abject" memories of bodily excesses and corpses and connects those memories with the agonies of remembering. On that note, one could argue that the imagination of the Shakespearean lunatic, the lover and poet, comes alive with an unfamiliar perspective in Ahilan's poetics of the interior as it blends the insane world of a civil war with the voice of a tortured passionate lover of humanity who is the poet.

NOTES

1   P Ahilan has three publications of poetry: *Pathunkukuzi Naatkal* (Kuruthu: Erode, 2000), *Saramakavikal* (Yalpanam: Peru, 2012), and *Ammai* (Yalpanam: Peru, 2017)

2   For a detailed discussion on the topic see the introduction in C Kanaganayakam, *Uprooting the Pumpkin* (New Delhi: OUP, 2016) and K Sivathamby, *Tamil Elakkiyath thadam 1980-2000* (Colombo: Moonravathu Manithan, 2000), p 101. Thelivathai Joseph, "Eezhathil Ithazhiyalum Ilakiyamum," *Thamil Ini: Ulahath thamil ilakiya varalaaru* (Nagercoil: Kalachuvadu, 2005), pp 651-684. MA Nuhman, "Ethnic Conflict and Literary Perception," https://www.colombotelegr ph.com/index.php/ethnic-conflict- nd-liter-ry-perception-t mil-poetry-in-post-coloni l-sri-l nk /

3   Cheran, "Irandaavathu Sooryothayam," Tr. C Kanagayayakam, *You Cannot Turn Away* (Toronto: TSAR, 2001), MA Nuhman "Puththanin Maranam," Tr. S Pathmanathan, ed. C Kanaganayakam, *Lutesong and Lament: Tamil Writing from Sri Lanka* (TSAR: Toronto, 2001)

4   P Ahilan, "Tholaivil oru veedu," *Marupaathi* (Apr-May, 2000), p 20

5   J Ramazani, *Poetry of Mourning: The Modern Elegy From Hardy to Heany,* (Chicago: U of Chicago Press, 1994), Preface

6   Sasanka Perara, *Artists Remember, Artists Narrate: Memory and Representation in Sri Lankan Visual Arts,* Colombo Institute for the Advanced Study of Society and Culture (Colombo: Theertha International Artist's Collective, 2012), p 25

7   P Ahilan, *Pathunkukuzi Naatkal* (Erode: Kuruthu, 2000), p 58

8   C Kanaganayakam, *You Cannot Turn Away*, Introduction

9   N Subramaniam, "niithaar ninaivil oru ilakkiya marapu," *Thirumathi Sellvathurai Soundranayaki Ninaivu ithaz* (Yalpanam, 1988). My writing on the cultural practice of Saramakavi is also based on additional discussions with Ahilan.

10 P Ahilan, *Saramakavikal,* p 50

11 Roger Luckhurst, *The Trauma Question* (Oxon: Routledge, 2008), p 88

12 M Ponnambalam, *Moonravathu manithan* (July-August, 2000), p 13

13 Ve Saminathan, "irandu thalainakarankalin kathai," *Kanaiyaazhi* (December, 2011), p 20-21. M Ponnambalam, *Moonravathu manithan*

14 Jeyamkondar, *Kalingathuparani*, ed. P Saravanan (Chennai: Sandhya Publication, 2013), p 68

15 J Kristeva, *Powers of Horror: Essays in Abjection* (New York: Columbia University Press, 1982), p 4

16 The speaker of the poems is Radha, the consort of Krishna. In Indian devotional literature, the earthly love of Radha and Krishna sometimes symbolizes

love between human soul and the divine. Radha's longing is a recurring trope through which women's expression of desire is articulated. Draupadi is the leading female character in the Indian epic of *Mahabharatha*. The story is centred on a rivalry between cousins, the Pandavas and the Kauravas. Draupadi is the wife of the five brothers, the Pandavas. In the story, the Pandavas lost everything in a game of dice, including their kingdom, to the Kauravas and become their slaves. The Kaurava king Duryodana orders Draupadi to be brought to the court and be disrobed, as slaves are not allowed to wear upper garments. When attempts are made to disrobe Draupadi, she prays to Krishna, who provides her with a long garment that cannot be removed from her body. Draupadi is a symbol of the helpless, violated woman, victimized by men, and her story has been revisited many times in contemporary Indian literature.

17   P Ahilan, "Inputru azhukiyathu naavu: paa akilanudan or uraiyaadal," *Kalam* 50 (January, 2016), p 37

Years of Conflict

யாரோ ஏதோ

சில நட்சத்திரங்கள்
துயர நிலவு
யாரோ மட்டும் வருகிறேன்.

கையில் பற்றியிருந்த கொண்டல் மலர்களும்
காற்றில் அலைவுற்ற கூந்தலுமாய்
குரூர வெளியில்
உன்னையும் பறிகொடுத்தாயிற்று...

'எங்கே போகிறாய்' காற்றில் யாரோ ஒலிக்கவும்
'தெரியாது...'

(1990)

Someone, Somewhere

A few stars,
grieving moon,
I come—
a lone stranger.

Cassia flowers
in your hands,
hair fluttering
in the wind,
I have lost you too
in the cruel space.

"Where are you going?"
a voice wafts in the air—
"I don't know..."

(1990)

பதுங்குகுழி நாட்கள் I

காலமற்று
இருள் பரந்து உறைந்தது
பீதிநிறை கண்களும், செபிக்கும் வாய்களும்
அந்தரத்தில் தொங்கப்
போர் !

குண்டெறி விமானம் ஓய்ந்த துளிப்பொழுது
வெளிப் போந்த திண்மம் - மீள
குழிக்குள் பதுங்கிக் கூறுசேதியில்
கைகளில் உயிர்
இன்னும் நடுங்குண்டு போகும்

'கோ' என்ற முலையுடைத் திண்மத்தின் அலறலில்
திடுக்கிட்டுத் திரும்பவும்
யோனிவாய் பிளவுண்டு, குருதி சீற
இன்னொரு சிறுதிண்மம்.

(1990)

4

Days of the Bunker I

Never-ending
darkness spread and froze
Terror-filled eyes,
praying lips,
hang in limbo;
the war begins.

When bombers pause awhile,
the life in our hands
shudders further
in the words
uttered by
the body that
left and ducked
back into the bunker.

We turn, trembling
at the loud cry
of a body with breasts,
while another small one
spurts blood from its
split-open vagina.

(1990)

பதுங்குகுழிநாட்கள் II*

வேர் முடிச்சுக்களிலிருந்தும்,
பாறைப் படிவங்களின் கீழிருந்தும்
தலையின்றி மீண்டன அவைகள்,

வெட்டை வெளிகளில் மண்டியிட்டன,
கண்ணெட்டாத் தொலைவுகளிற்கு
ஓடியும் தொலைந்தன
அங்கங்கள் சிதற
மரித்தும் ஆயின...
மீண்டும்
நிலத்தினடிப் புகுந்து
அமைதி நாளுக்காய்த் துதித்தும் இருந்தன.

என் கடவுளே,
சிதறிப் போயிற்று கடிகாரம்
ஒளி சுருங்கிப் போகிறது கைவிளக்கு...

(1991)

ஓவியர் நிலாந்தனின் *"Bunker Family"* ஓவியத்தால் அருட்டப்பெற்று

Days of the Bunker II*

From the knotted roots,
from beneath the rocks,
they returned headless.

They knelt
in the empty space,
disappeared
in the vast stretches,
organs scattered,
some of them perished.
Again,
they pray for peace
crawling beneath the ground.

My God!
The clock was shattered,
the lamp in the hand is fading.

(1991)

*This poem was influenced by Nilanthan's painting titled *The Bunker Family*.

முந்தைப் பெருநகர்

இழந்து போன
அற்புதமான கனவின்
நினைவுத் துயரெனப் படர்கிறது நிலவு,

பகலில் புறாக்கள் பாடி
சிறகடித்துப் பறந்த
வெள்ளைக் கட்டடங்களுடைய
முந்தைப் பெருநகர்
இடிபாடுகளோடு குந்தியிருக்கிறது யுத்தவடுப்பட்டு

பாசி அடர்ந்த பழஞ் சுவர்களின்
பூர்வ மாடங்களில்
கர்வ நாட்களின்
முன்னைச் சாயல் இன்றும்

பண்டையொரு ஞானி*
சித்தாடித் திரிந்த
அதன் அங்காடித் தெருக்களில்
சொல்லொண்ணா இருளை இறக்கியது யார்?

பாடியின்** தந்திகளிலோ தோய்கிறது துக்கம்
விழாவடங்கிய சதுக்கங்கள்
காலமிறந்த ஆங்கிலக் கடிகாரக் கோபுரம்
ஊடே
புடைத்தெழுகிற பீதியிடை
கடல்முகத்தில்
விழித்திருக்கும் காவலரண்கள் ஓயாது.

தானே தனக்குச் சாட்சியாய்
யாவற்றையும் பார்த்தபடிக்கு
மாநகரோ மௌனத்துள்

8

The Great Ancient City

The moon unfurls
memories of grief,
a lost, wonderful dream.

The ancient city with
white buildings on which
doves crooned during the day
fluttering their wings
now sits hunched
amidst the ruins,
wounded by war.

A faint reminder
of those proud days
still lingers
in the archaic alcove
of the aged
moss-covered walls.

Who unloaded the
unutterable darkness
in the market streets
where once a mystic*
wandered performing miracles?
Grief seeps into
the strings of Padi.**

In the squares
where festivals have ceased,
time dead in the
English clock-tower,
amidst the

ஓங்கி
இனும் இன்னும் முரசுகள் முழங்கவும்
சத்தியத்தின் சுவாலை நெருப்பு உள்ளேந்தி
மாநகரோ மோனத்துள் அமரும்.

(1993)

*கடையிற்சுவாமி - ஈழத்துச் சித்தர் பரம்பரையின் மூலவர்களுள்
ஒருவராகக் கருதப்படுபவர். யாழ்ப்பாணக் கடைத்தெருவில் எப்போதும்
சுற்றித் திரிவாராம்.

**யாழ்பாடி - அந்தகனான ஒரு யாழ்பாடிக்கு பரிசாக முன்னொருகால்
வழங்கப்பட்ட நகரமே யாழ்ப்பாணம் என்றொரு ஐதீகமுண்டு.

swollen, rising fear,
the Watchtowers lying awake
on the face of the sea
do not rest.

The large city, quiet,
watching everything—
its own witness.
Loud,
the war drums
pound and pound;
the great city
seated in silence,
holds within itself
the flame of truth.

(1993)

---

*Kadaiyirswami is considered to be one of the earliest mystics, and the most significant, in the Siddha tradition. It is believed that he wandered about the streets of Jaffna.
** Myth has it that the city, Yazhpanam (Jaffna), was gifted to a blind bard, Yazhpadi, who was accompanied with the string instrument called Yazh.

புனைவுகளின் பெயரால்

நானொரு ஆசியன்,
கடவுளர்களின் கண்டத்தைச் சேர்ந்தவன்
சமுத்திரங்களின் சொர்க்கத்தீவில்
வடகுடாவின் வெப்பத் தெருக்களில்
காட்டுப் பறவை.

நீங்கள் அறியீர்கள் என்னை
கட்டப்பட்ட புனைகதைச் சுவடிக்குள்
சிறையிடப்பட்டது எனது வரலாறு,

உங்களுக்கு அறிவிக்கப்பட்ட நான்
உங்கள் தாழ்வாரங்களை நிரப்பும்
வேண்டப்படாத அசுத்த விருந்தினன்,
தேசங்களின் எல்லைகளைத் திருட்டுத்தனமாய்க் கடக்கும்
கள்ளக் குடியேறி,
சமரசமின்றி இறப்பை ஏந்திச் செல்லும்
முரட்டுப் போராளி...

அறியீர்கள் நீங்கள்
வரலாற்றின் மூத்த வேர்களில்
எனக்கொரு வீடு இருந்ததை
கவர்ந்து,
எனது தெருக்கள் தூக்கிலிடப்பட்டதை
புனைவுகளின் பெயரால்
முடிவற்றுச் சீவியெடுக்கப்படும் குருதியின் வலியை

Narratives

I am Asian,
I belong to the land of Gods.
A wild bird
in the oceans
of the island heaven,
in the warm streets
of North Kuda.*

You do not know me—
My history is imprisoned
in the palm leaves of narratives.

The I you are informed about
is an unwanted,
unclean visitor,
filling your verandas,
an illegal immigrant
crossing borders covertly.
A reckless fighter,
bearing death
without compromise.

You do not know—
My house in the
ancestral roots of history
was stolen and
my streets hanged;
the unending pain
of being severed,
in the name of narratives.

இல்லை,
அறிந்துள்ளீர்கள் அனைத்தையும் நீங்கள்,
எனினும்
அற்பமான உங்கள் நன்மைகளுக்கு
அவசியமானது
தோற்கச் சதுரங்கப் பலகையில் மறுக்கும்
முடிவற்ற எங்களின் குருதி.

(1997)

No,
you know all.
Still,
our ever-flowing blood,
refusing to lose
on the chessboard
is crucial for
your mean gains.

(1997)

*Northern part of Sri Lanka.

2005

விடை சொல்லவில்லை: அவகாசம் இல்லை
போய் விட்டாய்
புயல்

இரத்தத்தில் வீடுகள் சிதம்புகையில்
திரும்பி வருவதில்லை யாரும்

சமரர்களோ போர்க்களத்தில்
அமரர்களோ அமைதியில்
சாட்சியாக இருக்க விதிக்கப்பட்டவர்களோடு
குந்தி நானிருந்தேன்.

(2006)

2005

No goodbye: there was no time.
You left—
storm.

When the houses saturate with blood,
no one will return.

The fighters are in the battlefield,
the deathless are in peace—
Among those destined to bear witness,
I sat hunched.

(2006)

செம்மணி 01

மூன்றாவது வெள்ளி நள்ளிராவைக் கடக்கையில்
திரும்பினாள் மரியை
யாருக்காவது தெரியுமா?
பட்டினங்களிற்கிடையில்
நெட்டுயிர்த்து நீண்டது அவளாடை

சீடர்களில்லை, அயலாரில்லை
உற்றாரில்லை, பகையாருமில்லை

காற்றுறைந்த கரிய புற்களை
தகட்டு நீரில் செத்துச் சிதம்பிய நிலாவை
அவள் கடந்த பின்னாலெழுந்தது
யுகங்களை நடுவாய்ப் பிளக்குமொரு பிலாக்கணம்.

(2010)

Semmani* 01

Does anyone know?
When the three bright stars
were high up in the sky
past midnight, Mary returned.
Her robe
spread across towns
flowing with a long sigh.

No followers,
no strangers,
no loved ones,
no enemies.

When she passed
the blackened grass
on which the wind lingers,
the dead bloated moon
in the tin-coloured water,
a lament rose up
splitting eons.

(2010)

* A salt field near Jaffna, which was used as a site for executions by the Sri
Lankan state during 1996-97. Scores of people were found dead and buried in
Semmani.

செம்மணி 02

பகலிரவாய்ப் பெருக்கெடுத்தது இரத்தம்
கன்னியானாள் மகள்
மணவாட்டிக்கும் விதவைக்குமிடையில்
ஒரு பாத்திரமாயிருந்தாள் தாய்

குரல் கொடுத்தால்
மறுகுரல் தர யாருமற்ற ஒற்றைப்பெண்கள்
முற்றுற்றன பதினேழு முழுவருடங்கள்
காத்திருந்த கண்கள் தூர்ந்தன
உப்பாய்ப் போன தந்தைக்காய்
ஓர் விளக்கை ஏற்றி வையெனக் கூறமுடியவில்லை
என்னால்.

(2010)

Semmani 02

It bleeds day and night.
The daughter grew
into a woman.
Mother plays the role
between wife and widow.

Single women
have no one to call out.
Seventeen years have gone by—
awaiting eyes closed forever,
I cannot ask anyone
to light a lamp for the
father salted away.

(2010)

செம்மணி 03

உப்பு வயல்களின் கீழே
துரதிஷ்டமான அந்த மனிதர்களை
அவர்களின் தேகத்தை உலர விடாது
பெருகும் நேசர்களின் கண்ணீரை
கரிய நீர்ப்புற்களின் மேலே விடாது காயும்
பயங்கர நாட்களின் சாம்பரை
தீண்டுவார் யாருமில்லை

விளம்பரப் பதாகைகளின் கீழே
மறத்தலின் விளிம்பிலிருந்தன அவர்தம் நினைவுகள்...

கல்லாலல்ல;
நீராலுமல்ல;
வளியாற் கட்டுகிறேன்
விடாது பின்தொடருமொரு ஒலியால்
அவர்களிற்கொரு நினைவிடம்.

(2009-2010)

Semmani 03

There is no one to touch
the ashes of
those terrible days—
where grass
does not sprout from
the blackened water
in the salty fields,
the tears of the bereaved
do not dry the bodies
of those wretched humans.

Under the billboards
their memories
sit on the edge of oblivion.

I am building a memorial,
not with stone,
not with water,
but with air,
the sound
that trails me forever.

(2009-2010)

Of Love and Life

சிலுவை

இருளால் மூடுண்டது என்முகம்
வேண்டப்படாதது எனதாத்மா
நான் அதிகமாய் மிதிக்கும் உன் முன்றிலும்
சாளரத்தை மூடுகையில்
இரவுகளில் நித்திரையுமற்றுப் போகிறது

ஓயாது பெய்கிற மழையில்
என் துக்கமெனும் தீயோ மூண்டெரிகிறது

சொல்
ஊளையிடும் காற்று வெளியில்
நேசமான மெழுகுதிரிச் சுடரை
எவ்விதம் காப்பாற்றுவேன்...?

(1991)

The Cross

My face is covered by darkness,
my soul, unwanted.
When the window
of your courtyard shuts
I lie sleepless, at night.

The fire of my grief flares up
in the unceasing rain.

Tell me,
how can I protect
the candle flame of love
in this howling wind?

(1991)

இராதை கண்ணனுக்கு எழுதிய கடிதம்

கோகுலம்,
மழைக்காலம்.

வாவிகள் நிரம்பி விட்டன
வெள்ளிகள் முளைக்காத
இருண்ட இரவுகளில்
காத்திருக்கிறேன் நான் உனக்காக

எங்கோ தொலைதூர நகரங்களின்
தொன்மையான இரகசியங்களிற்கு
அழைப்பது போன்ற உன்விழிகள்
வெகுதொலைவில் இருந்தன
என்னை விட்டு

புதைந்திருக்கிறது மௌனத்துள் மலை
இருக்கிறேன் நான் துயராய்
அசைகிறது சலனமின்றி நதி
காற்றில் துகளாய்ப் போனேன்.

இங்கே,
என் கண்ணா
சற்றுக்கேள் இதை
மல்லிகைச் சரம் போன்றதென் இதயம்
கசக்கிட வேண்டாம் அதை

ராதா
பிரியமுடன்

(1993)

28

Radha's Letter to Kannan

Gokulam,
Rainy season

The ponds are brimming.
In the dark
starless nights,
I wait for you.

Your eyes that seem
to summon me
to the ancient secrets
of distant cities
are far away.

A mountain buried in silence,
I am grief-stricken.
Ripple-less, the river moves,
I become a speck in the wind.

My kanna,
here,
please listen to this,
my heart is like a strand of jasmine,
do not crush it.

Radha,
With love

(1993)

இராதையின் கடிதங்கள் மற்றும் தினக்குறிப்பிலிருந்து

இந்தத் துயரம்
என்னைக் கதறியழவைக்கும்
இனி, மனம் வாழும்
காலமெல்லாம்
மறுகி நான் அழுவேன்

விழி மூடி நிலவே
நீ தூங்கு
அலையடங்கிக் கடலே
நீ தூங்கு

சாபங்களால் வனையப்பட்ட பாடலே
நீ அழு
உனக்காகத் திறக்கப்படாத
நெடுங் கபாடங்கள் முன்னிருந்து அழு
நாட்கள் பாறைகளாய்க் கனக்கின்றன.

முடிவில்லாத மௌனம்
முடிவில்லாத காத்திருப்பு
தீயாய்க் கனன்று எரிகிறதென் உடல்

இரவு,
வார்த்தைகள் அற்றொடுங்கிய பின்
தனிமையால்
வேயப்பட்ட சிறிய குடிலில்
நம்பிக்கையின் சுடர்மணி விளக்குகளை
ஏற்றி நான் வைக்கிறேன்

இரவு பகலைத் தின்கிறது
பகல் இரவைத் தின்கிறது
திரௌபதையின் துகிலாய்
நீண்டு செல்கிறதென் பாதை.

(1995)

From the Diary of Radha

This grief makes me weep.
From now,
my anguished heart
will cry forever.

Sleep, O moon!
Closing your eyes.
Sleep, O sea!
Stilling your waves.
Cry, O song!
Laced with curses,
cry
in front of doors
that do not open for you;
days heavy as rocks.

Endless silence,
endless waiting;
my body, a flaming fire.

At night
when words cease,
I light the lamp of hope
in my hut
thatched with solitude.

Day eats away night,
night eats away day.
My path stretches out
like Draupadi's robe.

(1995)

யாத்திரை

தேனீரின் இறுதித் துளியைப் பகிர்ந்தாய்
எல்லா மாலைப் பொழுதுகளும், அவற்றின் சரிகைக்
கரைகளோடு
மூட்டை கட்டப்பட்டிருந்தன.

முடிந்துவிட்டதொரு நெடும்பகல்

காற்றுக்கும், வெளிக்குமிடையில்
எனக்கான ஆசனத்தில் அமர்ந்தபடி
துயரங்களை முடிவின்றிப் பருகினேன்
மகிழ்ச்சி சிதறி உலர்ந்த தெருக்களில்
காகங்கள் வடுக்களைக் கொத்திப் பிறாண்டின.

அச்சப் பிராந்தியமாகியது எனது பாலியம்
மர்ம அலகுகளால் துரத்தப்பட்டேன்
காப்புச் சுவருள் இருந்தது கத்தி

என் சொப்பனங்களுக்குச் சிலுவை கொடுத்தேன்
சொற்களின் நிலவுருக்கள் சரிந்தன

நடுநிசி
மாயமுடுக்கு வெறிச்சோடுகிறது
உன் மனோகர விழிகள் தூர்ந்தன
புதர்மண்டிய ஞாபகங்களிடையே
யாரோ நடந்து சென்றார்கள்

போய் வருக
கசப்பின் முதற் குழந்தைகள் நாமல்ல
கேணிகளில் தாமரை மலரட்டும்

A Journey

You shared the last drop of tea.
All the evenings
with their brocaded edges
are trammelled up.

A long day has ended.

I am seated in the expanse
drinking unending sorrows.
In the streets where
shattered happiness lays parched,
crows peck at the scar.

My adolescence became a zone of fear,
mysterious beaks chased me,
the fence held the knife.

I gave a cross to my dreams.
The landscape of words slid.

Midnight.
The illusive corner lies deserted.

Your enchanting eyes
are closed forever.
Someone walks across
the crammed memories.

Goodbye,
we are not the first children
of bitterness.
Let lotus bloom in the ponds.

இன்னும் சிலகாத தூரம்
எல்லாவற்றையும் ஊதிவிட்டு நான்
போய் விடுவேன்.

(1998)

I will go
a little further,
blowing away everything.

(1998)

தலைப்பிடப்படாத காதற் கவிதை 01

காலங் கடந்துவிட்ட புன்னகை நான்
இறந்த காலத்தில் வாழ்பவன்
நீயொரு மழைக் காலத்தெரு
நினைவுகளின் உவகை வழியில் தோன்றினாய் நீ
கண்ணீரைத் தெரியாது எனக்கு அப்போது

நடக்கவில்லை மரணத்துடனான ஆரம்ப உரையாடல்கள் கூட.
அந்திவானத்தில் நிலவாய்ச் சாய்ந்து மிதந்தாய் நீ
அப்போது முழுவதும் கற்பனையானது காதல்
கிளையெல்லாம் பூக்களும், வஸந்த காலக் குருவிகளும்
இன்பத்தின் முதல் வாயிற் கதவுகளையும் நீயே திறந்தாய்
பிரிதலின் முதல் வலியையும் நீயே தந்தாய்

நதிகளின் பயணம் தத்தம் வழிகளிற்தான்
வரலாறானோம் எனக்கு நீயும், உனக்கு நானும்
இளைஞர்களுக்காக வானத்தில் கனவுகளுண்டு
இப்போதும்
கனவுகளும் மென்மையும் அற்ற வெளிக்கு
என்னை விட்டெறிந்தாய் நீ

போனேன்
என்னுள்
என்னோடு
என்னைத் தேடி...

(1997)

An Untitled Love Story 01

I am an aged smile—
I live in the past and
you, a rainy street.
You appeared through the joy
of my memories.

I did not know tears then;
not even a dialogue opened with death.
You float, a moon in the evening sky.
Then, love was but a fantasy.
Branches teemed with flowers
and spring birds.
You opened the first doors of happiness,
you caused the first pang of separation.

The rivers journey on,
in their own paths.
You and I became
history to each other.
There are dreams in the
sky for youth, even now.
You flung me into a space
sans dreams and tenderness.

I went,
into myself,
with myself,
seeking myself.

(1997)

தலைப்பிடப்படாத காதற் கவிதை 02

எவ்விதம் முடிந்தன அந்த நாட்கள்?

விரகமும் தாபமும் மூடிய மாலையும்
முற்றிலாக் காத்திருப்புத் தெருவும்
எங்ஙனம் சென்று மறைந்தன?

நெடுமூச்சுடலும்
வெப்பமேறிக் கனன்ற நூறு முத்தங்களும்
எவ்விதம் உலர்ந்தன?

அத்திசையிலும் இத்திசையிலுமாய்
எவ்விதம் நடைபிரிந்தன பயணங்கள்?
இதயத்தைக் கீறும் மாறா வலி
எங்ஙனம் காய்ந்து மறைந்து போனது?

ஆயுளின் நடுச்சந்தியில் நிற்கிறேன்

ஆண்டுகள் பல கழிந்து தோன்றுகிறாய்
கணத்திற் தோன்றி மறைகிறது
மறுபடி அதே நெருப்பு

நடுக் கடலில்
துடுப்பற்ற படகில் தனித்துப் போனேன்.

(2008)

An Untitled Love Story 02

How did those days end?

An evening enveloped in
anguish and pangs of separation,
the street of endless waiting,
how did they disappear?

The long sigh, a hundred
fiery burning kisses,
how did they wither?
How did the journeys fork away
in opposite directions?

The constant pain
that pierced the heart,
how did it scab over
and heal?

I am at the crossroads of life.

You appear after
many years;
the same fire flares up
for a moment,
then dwindles away.

I am left alone rudderless
on a raft at mid-sea.

(2008)

தலைப்பிடப்படாத காதற் கவிதை 03

சொல்லப்படவில்லை
ஆனால் அறிகிறோம்
மறைக்கிறோம்
ஆனால் காண்கிறோம்

வெம்மையடையும் மூச்சிலேறுகிறது தாபம்
ஆனால் மேடையேறுகிறது ஒரு பாசாங்கு நாடகம்
காலமும் இடைநுழைகிறது ஒருபாத்திரமாய்
பிரிகிறோம் கனவான், கனவாட்டியாய்
ஆனால், யாருமறியாக் காந்தப்புலத்தால் கட்டப்படுகிறோம்

பெய்கிறது
பெய்யெனப் பெய்யும் பெருமழை.

(2010)

An Untitled Love Story 03

It is unspoken—
yet we know
we conceal,
yet we see.

Lust soars
in the burning breath.
Yet,
an act of pretence takes over.
Time too enters as a character.
We part,
gentleman and a lady,
still drawn together
by a mysterious magnetic field.

Pouring rain pours,
it pours.

(2010)

தலைப்பிடப்படாத காதற் கவிதை 04

குமரிகள் ஆகிவிட்டனர் உனது பிள்ளைகள்
நரை திரண்டுள்ளது எனது தாடியில்

ஓரக்கண்ணால் என் மனைவியை பார்க்கிறாய் நீ
நீ பாராக்கணத்தில்
உன் கணவனைப் பார்க்கிறேன் நான்

இனம் புரியாத ஏதோவொன்று
பயணமாகிறது இப்போதும் எமக்குள்

சந்தித்து விடைகொள்கின்றன கண்கள்
ரோஜா மென்மண அத்தர் பரவுகிறது காற்றில்
கணத்தில் நிலைகுலைந்தேன்
ஒரு பதின்ம வயதுப் பையனைப் போல.

(2011)

An Untitled Love Story 04

Your children have
grown into young girls;
my beard has turned grey.

You glance at my wife
from the corner of your eyes,
I glance at your husband
while you look away.

Something unknown
passes between us,
even now.

Eyes meet and take leave;
a faint perfume of rose
spreads in the air.
I lose my poise
in a moment
like an adolescent.

(2011)

மிதுனம் 01

பற்களின் விஷவாய்கள் திறந்தன

சிதைந்த விலங்கின்
முற்றிய பித்தாகினேன்.

தேகச் சலாகைகளிடையே
பிரித்துருவ முடியாத வெறுப்பு

இரத்தச் சீழாய்
கரைந்தொழுகியது உனதிகழ்
தோலோடு கிழிந்து
பிடுங்குண்ட மயிர்கொண்டது எனதுகை

கோமாளிகளும், வில்லன்களும்
கதாநாயகர்களும்
உள்நுழைகிறார்கள் ஒருவருக்குள் ஒருவர்

தேர்ந்த நடிகனிலும்
சிறந்த நடிகனானேன்

*Mithunam 01**

The venomous gaps
of teeth open—
I am now
the awful madness
of a decimated animal.

This hatred is
inseparable from
the shaft of bodies.

Your lips ooze
bloodied pus,
my hand rips
the hair from
the scalp.

Villains, clowns
and heroes
enter each other.

I am now
an actor,
the best
of the best.

மோகம் கண்டிப் பழுத்து
புழுத்து மக்கிய படுக்கையின் கீழ்
அரவாய் ஊர்ந்து
சுருண்டது கடிகாரம்.

(2003)

Under the bed
on which
worm-ridden
over-ripe lust rots,
the clock hands creep,
coiling like snakes.

(2003)

*The term *mithunam*, which derives from *mithuna* in Sanskrit, refers to sexual
union on both physical and spiritual levels, drawing multiple interpretations
from Hindu religion and philosophy.

மிதுனம் 02

இரவு அரவாகையில்
தூக்கத்தைக் குடிக்கிறது காற்று

தேகத்திலிருந்து பிரியுமொருபூச்சி
துப்பும் சினத்தில்
இரத்தவுருத்துக்களைக் கிழித்து
இன்பமூறத் தின்கிறோம் கொடுமைகளை

குறிகளில்
மொய்த்துப் பரவும் பொய்களில்
புழுக்கும் படுக்கையில்
நஞ்சூறும் விழிகள் கொண்டு
சொல்கிறோம் நேச வாசகங்களை
காலத்தை ஒடித்துச் சிரிக்கிறான் நாடோடி

முடிவடையாத
கதவுகளைத் திறந்தபடி
வெளியேறிச் செல்கிறான் அந்நியன்.

(2003)

Mithunam 02

As the night snakes
the air drinks in sleep.

We rip off blood ties,
savouring cruelties,
in the anger
spat by an insect
leaving the body.

We speak
love's phrases,
eyes welled up
with venom,
in the worm-infested bed,
lies swarming the genitals.
A nomad laughs
splintering time.

A stranger exits
opening endless doors.

(2003)

மிதுனம் 03

குருதியுண்டன நமது கட்டாரிகள்

மாமிச வாடையால்
அடைத்து மூடப்பட்டது அறை
சுவரைப் பிளந்து
தெருவுக்கு வெளியேறுகிறது புணர்ச்சியொலி

எச்சிலிற் குழைக்கப்பட்ட சொற்களை
இதயத்துள் குத்தி
இன்புற்றழுகியது நாவு

மலையேறி
விடைகொள்கின்றன குருவிக் கொத்தக்களும்
மழலை மிழற்றல்களும்

வேண்டாம் இனியொரு போதும்
இன்னொரு இரவும்
பகலும்.

(2003)

Mithunam 03

Our daggers devoured blood.

The fetid smell of meat
sealed the room.
The sound of cruel sex
cracked open the wall,
exiting into the street.

Rotting tongue delights
in piercing the heart
with words mixed in saliva.

Over the mountain
a flock of sparrows,
childish prattle bids farewell.

I do not want anymore,
another day,
another night.

(2003)

மிதுனம் 04

இரத்தஞ் சுவைக்கிறோம்.

சுடுசொற்களின் படுக்கையில்
பிணக்கலவி கொண்டபின்
சோர்ந்துறங்குகின்றோம் வலமிடமாய்

முள்ளாலாய போர்வையின் கீழ்
விதிவசத்தால் பிணைக்கப்பட்ட அந்நியர்கள்
புழுநெளியும் கனாவணிந்து
வற்றுமொரு எதிர்காலத்தைக் காண்கிறார்கள்
பனிக்குமிரு சோடிக் கண்களால்

(2011)

Mithunam 04

We savour blood.

On the bed of fiery words
we sleep, two corpses
on either side, after frigid sex.

Under the sheet of thorns
strangers bound by fate
wear a dream
with worms squirming,
imagining a parched future,
with two pairs of tearing eyes.

(2011)

அருந்தினி

மின்மினி பிடித்து இரவிற் பூக்கவோ
வெய்யிலாடிச் சலிக்கவோ
காலம் தரவில்லையொரு அவகாசம்

நீருண்டு நீருண்டு மடிந்தன நாம்விட்ட மழைப் படகுகள்
மல்லிகைச் சிறுகரத்தால் பற்றியிழுத்து
மிழற்று குரலால் சொன்னாய் ஏதோ
பற்றமுன் வீழ்ந்தது பூங்கற்றை

நடுவயதிற் செல்கிறேன்
விரிகிறது பாலை

முதற் தனிமை தந்தாய்.

(2011)

*Arunthini**

Time never gave us time
to catch fireflies or
to play in the sun.

Our rain boats sank
swallowing water again and again.
You held me with your
hands tender as a jasmine,
prattling in your soft voice.
The bunch of flowers fell
before I could hold it.

I am walking in middle age,
the desert stretches out.

You gave me the first solitude.

(2011)

*The sister of the poet, who died as a child.

கோடை மழை

*ஸின்ந்தஹி தூப் தும் கனா சையா**

மாலையொன்று
நீர்த் துவாலையாகி தீவொன்றில் மறைகையில்
நள்ளிராவை அவசரமாய்க் கடந்து செல்லும்
ஒரு சூரியனை நடுக் கடலில் கண்டேன்

வேறொரு சூரியன்
நீர்ச் செடிகளிற்கருகாய்
சிவப்புக் கொண்டை குருவியின் சிரசில் அவிழ்கையில்
மஞ்சட் பூந்தரைகளில்
நெடுங்கூட வழிகளில்
கட்டடங்களின் இருண்ட மடிப்புக்களில்
வழி தவறிச் செல்லும் காற்றை விநோதமாய் பார்த்தேன்

ஆறிய தேனீர் மீது பாடலடியொன்று* படர்ந்தழிகையில்
விழிகளை விழிகள் கண்டன
தரித்தன
பின்னர் விலகியோடும் வாகனத்திலிருந்த யாரையோ
பார்த்தாள்
எப்படி ஆக முடியுமென்று கேட்டேன் ?

The Summer Rain

*Zindahi dhoop tum ghana saya**

An evening turned
water-soaked towel
hid in an island—
at mid-sea, I saw a sun
hastily treading past
the midnight.

Near the water plants
when another sun
blossomed on the
crested bulbul,
in the field of yellow flowers,
I gazed strangely at the wind
that lost its path
in the long
narrow pathways,
between the dark corners
of buildings.

Over the tea, now cold,
a line from a song* floats,
as it disappeared,
eyes met eyes, envisaged.
Then she saw someone
in the far-away
rushing vehicle.
How did it happen?
I asked—

அடர்ந்த மரங்களின்
பதிலின்றிய தொலைவை கால்களால் அளைந்தாள்

மாலை முடிந்த போது
வெப்ப மூச்சாலாயிற்று   நெடிய பாதை

(2015)

*(வாழ்க்கையொரு சுடும் சூரியன் நீயோ ஒரு தண் நிழல்)

with her legs
she swung the
unanswered distance
of dense trees.

When the evening ended
steaming breath
became the long path.

(2015)

*Life is scorching sun, you are a dense shade.

The Devastation of 2009

கால்

மனிதர்கள் சுவாசிக்க முடியாதவொரு காலினை
எடுத்து வந்தார்கள் இன்று
தற்காப்பாடைகள் தரித்த பின்
ஒழுகும் சீழுக்கு ஒரு கிண்ணமும்
சிதம்பிய தசைக்கு இன்னொரு பாத்திரமும் வைத்தபின்
பிடுங்கியுடன் அமர்ந்து
நெளியும் புழுக்களைப் பிடுங்கத் தொடங்கினேன்.

அதிசயம் தெரியுமா?
காலுக்கு ஒரு தலையும்
தலைக்கு இரண்டு கண்களும் இருந்தன.

(2015)

62

Leg

They brought in a leg today—
its stench beyond human endurance;
donning protective gear,
setting aside a bowl
for the oozing pus,
another for the rotting flesh,
I sat with tweezers
and began to remove
the squirming maggots.

Isn't it astonishing?
The leg had a head,
and the head had two eyes.

(2011)

பிண இலக்கம் 178

இரத்த விளாறாய் கிடந்தான்:
பாதித் தலை,
பிளந்த நெஞ்சறையில் நூலிட்டு இறங்க
திரவமாய்க் கசிந்தது இருள்
தடுமாறிக் கடந்தால்
காத்துப் பசித்தவொரு முதிய தாய்
ஒரு நோயாளித் தந்தை
மாலையிட்ட சில புகைப்படங்கள்

தேகத்தின் பாதாளத்துள் இறங்க முதல்
முற்றிலாக் கேவலால் துரத்துண்டோம்
முள்ளாய் கிடந்து கனத்தது கண்ணீர்

அவசரமாய் வெளியேறிய பின்
மூடி
துணிப் பந்தொன்றை அடைத்து
தைக்கத் தொடங்கினேன்

(2011)

64

Corpse No. 178

He lay, a bloody mess,
half a head.
As I descended into the cloven chest
with a thread,
darkness trickled like liquid;
stumbling further—
a famished old mother,
waiting, an ailing father,
a few garlanded photographs.

Entering the cellar of his body,
I was hounded by an endless sob;
tears heavy as thorn.

Hurrying out,
I stuffed it with a ball of rags,
closed it,
and began to sew.

(2011)

பிண இலக்கம் 183 உம், உயிரிலக்கம் 02 உம்

உயிரில்லை :
இரத்தம் ஒரு சேலை
யோனியிற் தொங்கிய தொப்புழ் வீழ்தில்
ஆடியது ஓர் புத்துடல்.
வெட்டிப் பிரித்தோம்
குலுக்கிய பின் அழுதது.

எழுதினேன் பேரேட்டில்
பிண இலக்கம்183
உயிரிலக்கம் 02.

(2011)

Corpse No. 183 and Birth No. 02

There was no life—
blood, her saree.
On the umbilical cord
dangling from the vagina
stirred a new body;
we cut and separated it.
Upon shaking it let out a cry.

I wrote in my journal:
Corpse No. 183
Birth No. 02.

(2011)

பிண இலக்கம் 182

சிதைவாடை
நீக்கினால்
ஓலமுறைந்து சீழ்கொண்ட இன்னோராடை

முலையொன்றில்லை:
மறு முலையில் கிடந்தது ஒருசிறுவுடல்
பிரித்தால் பிரியாது
ஒருடலாய் ஒட்டிக் கிடந்தது

சுத்தப்படுத்திய பின் எழுதினேன்
பிண இலக்கம் 182

(2011)

Corpse No. 182

A ragged garment, beneath,
another rag of pus
with a clotted wail.

One breast gone,
on the other lay a tiny body;
inseparable,
they clung together.

After cleaning I wrote:
Corpse Number 182.

(2011)

விசரி

காயமேதும் இல்லை.

ஒற்றையாடையில் மலமும்
மாதவிடாய் இரத்தமும் ஊறிக் கிடக்க
மாற்றுடை மறுத்தாள்
ஊன் மறுத்தாள்
பகலையும், இரவையும் ஊடறுத்தலறினாள்

மகவே
மகவே
மாயமே

துரத்தி
விலங்கிட்டுக் கட்டிய பின்
உளமருத்துவருக்கு சிபாரிசு செய்தோம்.

(2011)

A Frenzied Woman

There was no wound.

Her single garb soaked in
feces and menstrual blood,
she refused to change,
refused to eat.

Disrupting day and night
she screamed:
My child,
my child,
a mirage!

We chased her,
chained her down.
Then referred her to a psychiatrist.

(2011)

தாயுரை 01

சதை இறைத்துப் பரவி
சிதம்பி இரத்தஞ் சேறுண்ட ராவில்
இறுதியிலும் இறுதியாய்
வந்தான் ஓர் நாள்

கதறவில்லை
கண்ணீரில்லை.

கேட்க எதுவும் யாரிடமும் இருக்கவில்லை

தாய் இறந்த இடத்தில்
கவிழ்ந்தது பூமியிலொரு வெற்றிடம்.

(2011)

A Mother's Words 01

That night when flesh
lay scattered, bloated,
blood swallowed the sludge,
finally, he came.

No shrieks.
No tears.

Nobody had anything to ask.

A void engulfed the earth
where the mother died.

(2011)

தாயுரை 02

வெறிச்சோடின ஒரு நூறாயிரம் ஆண்டுகள்

இனிக் காரணமில்லை
காத்திருக்க எவருமில்லை என்றபோதும்
பின்னும் கிடந்தழுந்தின நாட்கள்

தாய் வெந்து முதுமை கிடந்த இடத்தில்

அவனில்லை
அவரில்லை

எவருமில்லை

பாழ்.

(2011)

A Mother's Words 02

A hollow hundred years;

even when there is no reason,
no one waiting anymore,
days remain burdened.

The place,
where a scalded mother lay aging,
there is no son,
no husband,
nobody,

a ruin.

(2011)

தாயுரை 03

முடிவடையாத நள்ளிரவுகளில்
கிழிந்து பிளந்த நிலங்கள்
உதிரம் காண்கின்றன
கேவல்களின் சதுப்புக் கூடாரங்களில்
யாருக்காகக் காத்திருக்கின்றன குழந்தைகள்

தனயரில்லை.
தந்தையரில்லை
முற்றுப் பெறவில்லை எதுவும்

பாதமற்ற கால்களால்
வாழ்வைக் கடந்து செல்கிறார்கள் நாதியற்ற
மனிதர்கள்

முன்னரிங்கிருந்தன வீடுகள்
முன்னரிங்கிருந்தன கிராமங்கள்

வரலாற்றின் மௌனத்துக்கு முன்னால்
கடல்கொண்டதே ஒருயுகம்.

(2011)

A Mother's Words 03

In the endless nights,
the split-open earth
witnesses blood;
who are the children waiting for
in camps mired by sobs?

No son,
no father,
nothing ends.

The desolate
walk their life
with feet-less legs.

Once,
there were houses here,
there were villages here.

An eon deluged by the sea
in the silence of history.

(2011)

Aftermath of 2009

தோற்றவர்கள் I

நாங்கள்தான் அது

நெடுங் கம்பள வீதிகளின் கீழ்
உயிர் இறுத்தோர்
ஓரம் நடக்கும் காலிலார், அரைக்கையர்
பிச்சை புகுவோர்
கண்மூக்குச் சிதைந்த அசிங்கமுகிகள்

நாங்கள்தான் அது

கண்ணீர் மடையுடையார்
முடிவடையா இரத்தப்பெருக்கார்
புழுவுடைப் புண்பட்டார்
தெருவை அழுக்காக்கும் பித்தமுறையார்

நாங்கள்தான் அது

உங்கள் கண்களில் நீங்காது ஏறியிறங்கும்
அந்த வேண்டாத் தின மனிதர்கள்;

நாங்கள்தான் அது
தோற்றுப் போனவர்கள்

(2013)

The Defeated I

We are those—

whose lives are strained
under long carpeted roads.
The legless on the sidewalks,
the half-limbed,
seeking alms;
eyes and nose disfigured,
the ugly-faced.

We are those—

flooded with tears,
incessantly bleeding,
wounded,
maggot-ridden,
mad,
littering the roads.

We are those—

who climb in and out
of your eyes,
the everyday,
unwanted humans.

We are those,
the defeated.

(2013)

தோற்றவர்கள் II

இப்போது இங்கேயுள்ளோம்

கைகளின்றி உண்டு
கண்களின்றிப் பார்த்து
மரக்கால்களால் அடி நகர்ந்து

இங்கேயுள்ளோம்
உங்கள் பட்டொளிப் பதாகைகளின் கீழே
நாங்கள்தான்அது

இங்கேயுள்ளோம்
உமது குடையின் கீழ்
ஆறாப் புண்களின் சீறுஞ் சீழ்மேல்
வாரி நெருப்பை விடாதிறைத்தபடி

மிகநிமிர்ந்து
உம்மைப் பார்த்தபடி
நாங்கள்தான் அது

தோற்றுப் போனவர்கள்

(2013)

The Defeated II

We are here now.

Eating without hands,
seeing without eyes,
walking on wooden stumps.

We are here,
beneath your shining silk banners.
It is us.

We are here,
under your umbrella,
splashing fire ceaselessly
on the oozing pus
from the enduring wound.

Looking up at you,
it is us,
the defeated.

(2013)

யானைச் சட்டை எனும் கவிதை

மஞ்சளில் ஒரு ஊதா நிறத்து யானை
மேலே இன்னொரு கொட்டைப் பாக்குக் குருவி
குருத்துப் பச்சைப் புற்களில்
செந்நிறத்தும், நீல நிறத்தும் சிறுபூக்கள்
இரண்டு வரிகளிற் பயணஞ் செய்யும் நீரலைகள்

பெட்டியுள் இருக்கிறது இப்போதும்
நீ கழற்றி வீசிய
சிறுபராயத்து 'யானைச்சட்டை'

(2013)

84

Elephant Blouse

A purple elephant
on a yellow background,
and above that, another sparrow,
small flowers, in red and blue,
amidst lush green grass;
waves that ride as two lines.

It is in the chest, even now—
the childhood "elephant blouse,"
you flung away.

(2013)

ஒளிப் படத் தொகுப்பேடு

அயலெல்லாம் அறியாதவர்கள்
விசாலமான வீடு நிரம்பிய நினைவுகள்
ஒரு நாய், ஒரு பூனை தவிர
எவருமிலா வெற்றிடம்
வயிறு உலரும்
பெருக்காத பல நாள் தூசு அடரும்
நேரங் கெட்ட தூக்கம்
விழிப்பு நடுவில்
மாத்திரைகள் உணவாய் நிரம்பும் உடல்

கணவனைக் கண்டாள்
புதல்வரைக் கண்டாள்
காணாது சென்று முடிந்த நாளெல்லாம்
தினந் தினம் மீளக் கண்டாள்

கோடையும் மழையும் மாறின
கொண்டாட்ங்களும் இழவுகளும் நடந்தேறின

நகரா நாட்களை நகர்த்தி
மரணத்துக்குக் காத்துக் கிடந்தாள் தாய்

(2017)

A Photo Album

Neighbourhood swollen
now with strangers.
The large house
filled with memories.
An empty space,
except for a dog and a cat,
covered with dust when not swept.

Stomach hollow, sleep fleeting,
body ingests tablets as food
in between naps.

Her husband,
the children, she hallucinates
during all those days,
summer and monsoon shifting,
celebrations and funerals taking place.

Moving the unmoving days,
mother waits for her death.

(2017)

காணாமற் போனாள்

எல்லாத் தெருக்களிலும் நிறுத்தப்பட்டாள்
உண்ணா நாள், மாத்திரை இலாப் பொழுது
அவள் மடையுடைத்த கண்ணீர்
வியாபாரமாயிற்று
பல கோசக்குரல்களுடன் கலக்கப்பட்டாள் தாய்

ஒற்றைப் புகைப்படம்
நினைவுகளின் பாரப்பொதி
வேறேதுமிலா முதுமாது
ஒரு கேள்வி
பின்னரும் எப்போதும் ஒன்றேயொன்று தான்
எங்கவள் புன்னகை மாறாக் கடைசிப் பிஞ்சு?

(2017)

The Missing Woman

She was forced to stand
on the streets for days
without food, at times without pills.
Her tears overflowing
became a weapon;
mother made to
mingle with voices
of many slogans.

A single photograph,
heavy baggage of memories,
an old woman with nothing else.
One question,
later and always,
only one question,
where is her child
with the everlasting smile?

(2017)

அம்மையப்பன்

கிடைக்கும் தொழில் முயன்றாள்
சிலபோது பிச்சைகொண்டாள்
நினைவு உள்ளோடிக் கரைத்த முதுவுடல்
வீடெனும்
யாரோ விட்டுச் சென்ற இல்லிடத்தின்
ஒரு பிடிபரப்பு
எங்கெங்கோ போனாள்
யார் யாரோ கால் கொண்டாள்
திருடியாய் அகற்றப்பட்ட நாளுண்டு
கண்ணீரில் கரைந்து நாதியற்று
பசியோடு கிடந்த நாளுண்டு

பேரப்பிள்ளைகளுக்குத் தாயாய் தந்தையாய் விதிக்கப்பட்ட
என் பெருந்தாயே

காலம் எனும் பேரேட்டில் உன்னை வரைகிறேன்.

(2017)

Mother-Father

She tried every kind of work,
begged sometimes.
An old body wasting
with memories ingrained.

Living in a handful of space
in the house deserted
by someone,
she wandered everywhere,
fell at everyone's feet.
There were days,
she was forced out
as a thief;
at times, she lay hungry,
without kin,
dissolving into tears.

Fated to be mother and father
for your grandchildren,
my great mother,
I paint you in the huge book of time.

(2017)

திருமதி கணபதிப்பிள்ளை பூபதி

வயிறுலர்ந்து உதடுகள் பிளந்தன
உடல் நீர் பெருக்குக் காய்ந்து
வலி கொண்டன தேகப் பிணைச்சல்கள்
நெருப்புண்டு தீய்ந்தது தோல்
நினைவுகள் ஈடாடின

புதல்வரைக் கேட்டாள் தாள்
யுத்தத்தையொடிக்கக் கேட்டாள் தாய்

முப்பது முழுநாட்கள்
அவர் அவரை உண்டார்

அடைபட்டுக் கிடந்த பாதையில்
உயிரற்ற அவரதுடலை
பொய்யுள் புதைத்தபோது
புதைபட முடியா அவரது மரணம்
வரலாற்றின் இறவாப் பக்கங்களின் சாட்சியமாயிற்று

(2017)

Mrs Ganapathipillai Boopathy*

Stomach hollowing, lips parched,
body fluids drying,
joints begin to ache;
memories hazy.

Mother asked for sons and daughters,
asked to stop the war.

For thirty days,
her body ate itself.

On the blocked path
when her lifeless body
was buried in lies,
her unburiable death
became a witness in the
immortal pages of history.

(2017)

---

*Ganapathipillai Boopathy was born in 1932. She undertook a hunger fast demanding answers for missing youths, asking to stop the war between the Indian forces and LTTE, and requesting negotiations between the two. Her fast continued until she died on the 30th day in the Maamaangam Pillaiyar temple in Batticaloa.

யுத்த ஆடைகளின் மெய்யுருக்கள்

குண்டுண்டு பாழடைந்த சுவரின்;
மெல்லிருட் தண்ணொளியில்
ஆடைகள் முளைத்துப் பரவின
நெருப்புண்டு
கருகி இற்றொடிந்த வெளிர் நீலவாடை
சாவு ரத்தமாடிக்
கலங்கி
அடையாளங் காணவியலாது சிதைந்த ஓராடை
நாட்பட்டு
கிழிந்து பிளந்து நாராகிப்போன மணநாட்பட்டொன்று
ரவை துளைத்த
மண்ணிறக் கட்டமிட்டவோர் ஆண்சட்டை
மேலாகப் பட்டு விலகிய
சீழ் மணம் மாறாத நெடு வேட்டி
கீழாகப் வீழ்ந்து படிந்து வேர்விட்ட
நிழல் ஊறிப் படர்ந்த
மாதவிடாய்த் துணிப்பந்து
மருந்துத் திராவகங்கள் காய்ந்து வறண்டு சுருண்ட
காயத்துணிப் படுக்கைகள்
இராணுவச் சீருடைப்பாகங்களின் ஆழான விறாந்தை
கூரை ஏறித் தொங்கி
காற்றில் நின்ற
ஒரு கை வெட்டுண்ட குழந்தைச் சட்டை

தரை நீண்ட பிணத்துணியில்
எழுதாத சாட்சியங்களை எழுதத் தொடங்கினோம்

(2017)

Images of War Clothes

In the long stretch of wall
ruined by swallowed bombs
garments emerged, spread.

Eaten away by fire, burnt, tattered,
a pale blue cloth,
death's blood oozed,
ravaged, unidentifiable,
another garb.

An aged wedding silk,
ripped and shredded,
over the men's brown checkered shirt,
gouged by bullets,
a banner of a long dhoti
with unending smell of puss
spread out.

A ball of menstrual cloth
rooted from the shadow spreading beneath,
shrivelled heaps of
gauze clothes with dried lotions.
Over the rooftop
of a long veranda of
military uniform rags,
dangling in the howling wind,
a child's clothing
with a lacerated sleeve.

On the stretched-out death garb
we begin to write, unwritten witnesses.

(2017)

மூன்றாவது நாள்

மலக் கடல் வழி மாறி
உடைந்த வாகனங்கள் உக்கி இரும்பான தரை விடுத்து
கம்பளத் தெருவழி அந்நியளாய் நின்றாள்
கிழிந்தவுள்ளாடைச் சிதிலமுக்கிய
பற்றைக்குட் தடம் கண்டாள்
ஓலங் காய்ந்த முதியவுடல் நடுங்கிற்று
கற் குவியலுள் எஞ்சிநின்ற
கடைசி நெடுஞ் சுவரின்
இரத்தக் கிறுக்கலில்
பாலன் உடல் குளிர்ந்த தடங் கண்டாள்

காற்றுப் பெருக்கெடுக்க
இறுதி வார்த்தை பறி போயிற்று
பிணமாய் திரும்பினாள்

காலத்திற் பதிவழிந்த பெண்

(2017)

The Third Day

Leaving the path
of the sea of feces,
away from the land
now turned to iron
by broken, decayed vehicles,
she stood in the Carpet road,*
a stranger.
She saw a trail
in the shrubs
covered by ripped, tattered
undergarments.
Her dried wailing frame,
now old, trembled.

Within the pile
of stones, in the
bloody scrawls on
the ruins of
the remaining wall
she found a trace
of her boy's chilled body.

As the wind blew about,
her last words vanished.

Unrecorded in time,
the woman returned,
a corpse.
(2017)

*The reference is to a narrow strip of land near the sea where the fleeing public
gathered after days of multiple displacements during the final phase of the war
of 2009. As people poured in, the seashore filled up with corpses, body parts,
feces, and other human fluids. Soon after the war, such places were transformed
into long streets now known as the Carpet roads, owing to the new road-laying
technology.

சிலுவைப் பாதை

சதை புதைந்த
மண் குவியலை
பொதியிட்டாள்
பெயரிட்டு உறவு சொல்லி ஊளையிட்டாள்

தூக்கமுடியாக் கனத்தை
மணிக் கணக்காய் இழுத்து
யுகம் கடந்தாள்
ஆணி முளைத்த அவள் கால்
கிழிந்த தோலாயிற்று
சந்திர சூரியர்
இடம் விட்டு இடம் நகர
காலம் வெடித்தவளை மூடியபோது
சாட்சியங்கள் எதுவும் இருக்கவில்லை

(2017)

Way of the Cross

She bundled
the flesh buried in
heaps of mud
screaming out a name,
wailing for her blood.

Dragging the
unbearable mass
she spanned an eon.
Her callused feet,
now shredded skin.
The sun
and the moon
shifted positions,
when time burst open
covering her,
there were no witnesses.

(2017)

Ruminations

கடதாசிப் படகின் மரணம் I

நினைவுப் பாதாளம்
நிம்மதியற்று அலையும் ஒருவனை
காண்கிறேன் இன்னும் அங்கு

அவனது நிழல் நான்
நிழலும் வடிவமும் சஞ்சரித்தன தொலைவில்
நியதியின் விநோதமாய்

கடற்பறவையின் அலகாயிருந்தது காலம்

கண்ணீருள் அடைக்கலம் புகுந்த பல இரவுகளையும்
சிறிய பூவின் முதுமையையும் காவியபடி
சென்றது ஒரு மழைக் காலம்.

(1991)

The Death of a Paper Boat I

A cavernous memory.
I still see him
wandering there restless.

I am his shadow.
Form and shadow
hover afar in quirky fate.

Time,
the beak of a seabird.

Clutching an
aging tiny flower,
nights that
seek haven in tears,
a rainy season slips away.

(1999)

கடதாசிப் படகின் மரணம் II

மீட்கப்பட முடியாத பள்ளத்தாக்கில்
புதைந்தது கடதாசிப் படகு

செல்லமுடியாத் தெருக்களில்
தள்ளாடிச் செல்கிறது பித்தனின் தினக்குறிப்பு

சொற் பற்றைக்குள்
துப்பிய மெளனத்தில்
காதல் எரிகிறது இன்றும்

தோற்ற வலைகளில் முடிவற்று
சுழல்கிறது காலம்
மதுக் கோப்பையுடன்
தப்பிச் செல்கிறது தூக்கமற்ற இரவு.

(2000)

The Death of a Paper Boat II

A paper boat, buried in
an irretrievable valley.

The diary of a mad man
stumbles in
the impassable paths.

Love burns even now,
in the silence
spat into
the sheaf of words.

In the web of appearances
time spins on unending.
A sleepless night
escapes in a wine glass.

(2000)

சுவிசேஷம்

போக்கிரிகளிற் கடைகெட்டவனும்
புனித இடங்களை
அழுக்காக்கும் மலவானும்
விதி வசத்தால் தொட நேர்ந்தால்
உயிர்முனையில் குத்திக்கொள்ளும் விஷவானும்
நற்குறிகளை அழிக்கவல்ல கொடூரனும்
காமாந்தகனுமாகிய
அவனிவன் உவன் எனப்படும்
அவனிவன் உவனுக்கு
வெளிப்படுத்தப்பட்ட சுவிசேஷம்

இருளே, சீழே
எச்சிற் பாண்டமே
பொய்யே மெய்
மெய்யே பொய்
மெய்யைக் கடந்தான் பொய்யைக் கடந்தான்
பொய்யைக் கடந்தான் மெய்யைக் கடந்தான்
மெய்யைப் பொய்யைக் கடந்தான்
பூமியைக் கடந்தான் காண்.

(2008)

A Gospel

Nastiest of all rogues,
the feces-man
who soils holy places,
the poisonous man
who pierces and
snatches away life
at a fateful touch,
the brutal man
who destroys good signs,
a gospel for
this man, that man
and that other man
known as
this, that and that other.

O darkness, o pus
O contaminated pot,
lie is truth, truth is lie.
One who strides truth, strides lie;
One who strides lie, strides truth;
One who strides
truth and lie
strides the earth.

(2008)

பேராடை

காரிருளிலும் கரிய
முடிவடையாது
குகை போல நீண்டு திரண்ட
இந்தப் பேராடையை
தீயாலும் வலியாலும் பின்னப்பட்ட
காலங்களின் பேரடுக்கினை
நினைவுகள் உக்கியும்
முளைத்துமூரும்
இந்தப் பாசித்துளையை

நீக்க முடியாதென்னால்

தலைமுறைகளின்
விதிரேகைகள் ஓடிப்புடைத்த
இந்தத் தணலாடையை
சீழும் இரத்தமும்
உறைந்து படிந்து கிழிந்த
இந்த ஓலச்சட்டையை

யாரும் பூணத் தயங்கும்
நூற்றாண்டுகளின் முள் அங்கியை
கண்ணீராலான இந்த நீருடலை

நீக்க முடியுமா என்ன?

வேர்விட்டோடி
தேகத்தின் மேற் பிணைந்த இன்னொரு தேகத்தை
காயங்களின் பெருங் குடலையை
தேகத்தைத் துளைத்து
உயிர்மேட்டில் ஒட்டிக்கிடக்கும் இந்தப் பேராடையை
உலகத்தாற் தள்ளித் தாளிடப்படும் தீட்டுச்சட்டையை

The Huge Garment

Blacker than pitch,
long and dense,
like an endless cave,
this garment,
the tiers of time woven by
fire and pain,
this moss-hole of memories
that rot and sprout anew,

I cannot shed.

This ember garment,
swollen with the fate lines
of generations, this ripped
wailing garb stained with
congealed blood and pus;
this thorny robe
of centuries
which no one
chooses to wear,
this watery body of tears,

can anyone shed at all?

A body rooted in and
entangled over another body,
a basket of wounds,
this huge garment that clings
to the mound of life
piercing the body,
this polluted garb

நீங்க முடியுமாயின்
என்னையும் நான் நீங்கிச் சென்று மறைவேன்.

(2010)

shunned and locked out
by the world,

If I could shed,
I will disappear, shedding myself.

(2010)

பெருநிலம்:

மண்ணடுக்குகள் பற்றிய அறிமுகம்

பூண்டும் புராணிகமும்
நீரும் இல்லும் சேர்த்துப் பொத்தப்பட்ட
பெருநகரத்திற்குக் கீழே
பகலிரா ஓயா
தெருக்களும் கிளைகளும் மொய்த்துப் பரவி
சனங்கள் நெரிந்து
வாகனங்கள் விரையுமொரு நிலப்பரப்பிற்கு இன்னும் கீழே
கீழிறங்கிப் போனால்

சாம்பராலான வெம்மையடங்காவொரு புயற்பரப்பு
நீங்கி
மேலும் நடந்து கீழிறங்கினால்
அழுகையும், கதறலும் பரவியொட்டிய ஒலியடுக்கு
அதற்கும் கீழே
முடிவடையாத குருதியால் ஒரு திரவப்படுக்கை
அதற்கும் கீழே
கெட்டிபட்டு முள்ளடர்ந்து மண்டிய நினைவடுக்கு
அதற்குக் கீழே
மரங்களின் வேர்களும் முட்டாதவொரு மௌனப்பரப்பு
நீங்கி இன்னும் மேல்நடந்து
கீழிறங்கினால்

Introducing Layers of Earth

A large town entwined in
myth and weeds,
water and houses.

Below that,
a stretch of
speeding vehicles
where humans crowd.
Streets and branches
buzzing relentlessly
day and night.
Getting further down,
leaving a searing
stormy expanse of ash;
descending even lower,
a tier of sounds,
lingering cries, screams.

Further down,
a liquid bed of
endless blood.
Further down,
a stratum of memory
stiffened and
densely crowded with thorns.
Further down,
an expanse of silence,
untouched by the roots
of trees.

ஒருமுதியபெண்
காலங்களை விரித்தெறிந்த தோலாசனத்தின் மீதொரு
துறவிப்பெண்

(2010)

Climbing even lower,
an old woman, on a hide-seat
rolled out by time,
an ascetic.

(2010)

மழை

மழை உனை மூடுகிறது
கண்ணீரால் அதைக் கழுவுகிறாய்
மண்ணிறக் கண்களின் மறைந்த வசீகரங்களை
தளவாடியிற் பார்த்துச் சிரிக்கிறாய்
விட்டுச்சென்ற மேலாடையிலிருந்து இறங்கும் வெப்பத்தை
பிரிவின் பெருவாள் கொண்டேற்கிறாய்
வெறுப்படைந்த வார்த்தைத் துப்பல்களிலிருந்து
சீற்றமூறிய சுவர்களிலிருந்து
நெடுந்தூரம் கடந்துவிட்டதை நீ மட்டுமறிகிறாய்
முன்னெப்போதுமில்லா அளவுக்கு
உனை வெறுக்கிறாய்
நோகிறாய்

கைமுட்டிய அழுக்கை காலமொருநாட் கழுவுகையில்
மழையாய் பெய்து ஈரமாகிப்போவேன்
என்கிறாய் யாருமறியாமல் அவளிடம்

(2016)

Rain

The rain covers you.
You rinse it with your tears.
Looking at the mirror,
you laugh at the lost beauty
of your brown eyes.
You accept
the sword of separation
from the heat
descending from
the upper garment
that was left behind.
From words
spit with hatred,
from walls
filled with fury,
you have come
a long way—
only you know this.
You loathe yourself,
as never before.

When one day,
time washes away
the dirt in your hands
without anyone knowing
you say to her,
"Turning into pouring rain,
I will remain damp."

(2016)